Nils Weyand

I.N.KAS

Selbstschutz für Kinder

-

Starke Kinder sagen Nein!!!

Ein Ratgeber mit Trainingsprogramm und Hintergrundwissen für Eltern

Impressum

Bibliografische Information der Deutschen Nationalbibliothek: Die Deutsche Nationalbibliothek verzeichnet diese Publikation in der Deutschen Nationalbibliografie; detaillierte bibliografische Daten sind im Internet über http://dnb.dnb.de abrufbar.
© 2022 Nils Weyand
Alle Rechte, auch die der fotomechanischen Wiedergabe, vorbehalten Nachdruck, auch auszugsweise, verboten
Herstellung und Verlag: BoD – Books on Demand, Norderstedt
ISBN: 9783756212347

Über den Autor

 Nils Weyand, geboren 1977 in Rheinland-Pfalz wuchs in Frankfurt am Main auf.

Nach Schulabschluss mit der Mittleren Reife trat er 1993 in den Dienst der hessischen Polizei.

Seit 1996 versah er in verschiedenen Funktionen Dienst beim Polizeipräsidium Frankfurt am Main, davon 2 Jahre beim damaligen Sonderkommando Süd.

Daneben war er zehn Jahre lang als Dienstgruppenleiter auf einem Polizeirevier in Frankfurt am Main tätig.

Seit frühester Kindheit betreibt er die verschiedensten Kampfkünste und Kampfsportarten, beginnend mit Shaolin Kung-Fu über Ju-Jutsu, Ninjutsu, sowie Boxen, Kickboxen, Muay-Thai und weitere.

Mit Beginn der Ausbildung bei der hessischen Polizei trat hier neben dem rein sportlichen Aspekt mehr und mehr der Selbstverteidigungsaspekt in den Vordergrund. Auf Befragen sagt Nils, dass er sich seit 27 Jahren intensiv mit der Frage beschäftigt, was und wenn ja wie genau im Bereich Selbstverteidigung und Selbstschutz funktioniert.

Die Liebe zu der sportlichen Seite der Medaille ist geblieben. Nils betreibt nach wie vor Muay-Thai und ist Muay-Thai Trainer. Muay-Thai gilt als eine der härtesten Kampfsportarten der Welt, da hier nicht lediglich Fäuste und Füße, sondern auch Schienbeine, Ellbogen und Knie als Schlagwerkzeuge zum Einsatz kommen.

Nils ist selbst Vater von 2 Kindern.

Einleitung / Gedanken zu Selbstschutz für Kinder

Dieses Buch richtet sich an alle, die Ihre Kinder zu starken Individuen der Gesellschaft erziehen möchten, sodass ihre kleinen und evtl großen Schützlinge sicher durchs Leben gehen können.

Zusätzlich richtet es sich an Trainer, die Ihren Horizont erweitern möchten. Für Trainer demnächst auch erhältlich: Das I.N.KAS Kids Trainerhandbuch - Basics

Das Buch ist nicht das Ultima Ratio oder das Allheilmittel. Es gibt wie bei allem im Leben keine Garantie. Es kann keinen Unterricht bei einem professionellen Trainer ersetzen.

Das Mitwirken von Ihnen als Erwachsener, Eltern, Trainer ist außerdem unabdingbar.

Wir zeigen lediglich Situationen und mögliche Trainingsmöglichkeiten auf, die Ihrem Kind helfen können, sich in der Gesellschaft selbstbewusst und somit selbstsicher zu bewegen und somit nicht zum Opfer zu werden.

Ebenso wie in meinem Buch I.N.KAS Selbstverteidigung pur ist entscheidend, welche Techniken zum Einsatz kommen und wie diese vermittelt werden. Das macht den Unterschied. Es gibt eine Reihe guter Systeme, leider gibt es genauso viele Trainer, die über keinerlei reale Erfahrung verfügen.

Das beste System versagt, wenn es nicht von jemand unterrichtet wird, der die richtigen Verhaltens- und Lernprozesse der Schüler in Gang setzt.

Diese Techniken wurden für unsere I.N.KAS Kids, Kindgerecht abgewandelt und kommen in unseren Kursen täglich zum Einsatz.

Inhaltsverzeichnis

1. I.N.KAS Kids – Selbstverteidigung und Selbstschutz für Kinder
2. Warum Selbstverteidigung und Selbstschutz für Kinder
3. Mobbing
   3.1 Wann liegt tatsächlich Mobbing vor
   3.2 Was können Sie tun…
4. Die E-V-B- Methode
5. Passive Verteidigungsstrategien und Körpersprache
6. 3-L Regel
7. Verhalten gegenüber Fremden
8. Verdächtiges Ansprechen von Kindern
9. Die I.N.KAS Techniken
   9.1 Stellungen
   9.2 Fallschule
   9.3 Grifflösen gegen Angriffe
   9.4 Abwehrtechniken
   9.5 Offensive Techniken
10. I.N.KAS Kids Kampfspiele
11. Hilfsmittel für das Training
12. Allgemeine Informationen

HINWEIS

In diesem Lehrbuch wird aus Gründen der sprachlichen Vereinfachung nur die männliche Form verwendet. Das männliche wie auch das weibliche Geschlecht sind aber gleichermaßen gemeint.

Dieses Buch erhebt in keinster Weise den Anspruch auf Vollständigkeit. Es zeigt praktikable Techniken, bietet Lösungswege und geht auf die realen Bedingungen in Selbstverteidigungssituationen ein.

Weder der Autor noch sonst bei der Erstellung des Buches beteiligte Personen haften für Körper- oder Sachschäden, die durch die Anwendung der im vorliegenden Buch beschriebenen Techniken und Taktiken entstehen

I.N.KAS Kids

Selbstverteidigung und Selbstschutz für Kinder

Das Bedürfnis, sich selbst zu schützen ist so alt wie die Menschheit selbst, wenngleich sich die Art der möglichen Bedrohungen sowie aber auch das Ausmaß des zur Verfügung stehenden hoheitlichen Schutzes sich verändert haben.

In dem Maß, in dem verfügbarer „Fremdschutz" zugenommen hat, hat die eigene Wehrhaftigkeit abgenommen. Wozu Ressourcen „verschwenden"?

Die Welt wird immer zivilisierter. Richtig? Ja, richtig.

Ist es deswegen nicht mehr erforderlich, sich selbst schützen zu können? Nein.

Der Mensch ist mit allen Instrumenten ausgestattet, Gefahren zu erkennen, nämlich mit den fünf Sinnen.

Dazu später mehr, wenn es um das Einschätzen von Situationen geht.

Selbstverteidigung und Selbstschutz bedeutet also zuallererst unsere fünf, beziehungsweise sechs Sinne zu nutzen. Diese Sinne sind kein Selbstzweck. Es gibt gute Gründe, dass wir sie besitzen.

Doch wie verarbeiten wir die gewonnenen Informationen?

Erkennen wir Gefahren?

Wenn wir Gefahren erkennen, gehen wir dann richtig damit um?

Viele Leser werden sich an die tragische Entführung der damals zehnjährigen Natascha Kampusch in Wien (Österreich) erinnern. Die folgende Freiheitsberaubung dauerte acht Jahre an, ehe Natascha Kampusch fliehen konnte.

Jahre später erklärte Natascha Kampusch in einem Interview, dass sie ihren Entführer und die drohende Gefahr im Vorfeld sah, jedoch aus ihr selbst nicht erklärbaren Umständen die Straßenseite nicht wechselte.

Das Schicksal von Natascha Kampusch ist zweifelsohne tragisch, bietet jedoch eine Chance aus vergleichbaren Situationen zu lernen

I.N.KAS Kids möchte zuallererst hier anknüpfen.

Wenn sich etwas komisch anfühlt, dann ist es das in aller Regel auch.

Kinder sollten auf ihr Gefühl hören.

Ein Gefühl, dass wir übrigens unseren Kindern teilweise abtrainieren.

Haben unsere Eltern uns nicht immer erzählt, sei höflich und freundlich zu Erwachsenen. Mir schon.

Dazu sei erwähnt, dass Kinder ja erst lernen müssen mit dem Medium Sprache umzugehen. Das ist auch Grundsätzlich richtig, doch gilt dies nicht für jede Situation.

Viele Erwachsene haben da noch Schwierigkeiten.

Ein gutes Beispiel ist der Spruch „Sei immer folgsam".

Da steckt drin das Kind soll folgen, wem oder was?, das muss es erst lernen. Kommt ihr Kind in die Schule und lernt die Bedeutung, heißt das, es versteht den Satz wie folgt: „Geh immer mit!". Wollen wir das? Bestimmt nicht.

I.N.KAS Kids beginnt also bei Wahrnehmung und Bewertung von Situationen im Hinblick auf die Gefahrenträchtigkeit.

Diesen Prozess nennen wir EINSCHÄTZEN!

Der Hauptgrund, warum Kinder Situationen falsch einschätzen, liegt darin begründet, dass sie noch keine Erfahrungswerte haben (mangelnde Lebenserfahrung).

Sie haben im Vergleich zu uns Erwachsenen noch wenige Referenzsituationen zum Abgleichen, zum bewerten.

Daran kann man aber arbeiten. Das Zauberwort heißt hier Training.

Mit diesem Prozess können sie das lernen, was anhand der gesammelten Lebenserfahrung real erfolgt, beschleunigen. Es ist sogar möglich, dass ihrem Kind die ein oder andere verzichtbare „Real-Erfahrung" (z.B. Mobbing), durch das Training und seine Wirkung erspart bleibt.

In diesem Buch werde ich ihnen einige Möglichkeiten zeigen, wie sie trainieren können, dass Kinder Gefahren besser erkennen und besser darauf reagieren können.

Unsere Grundformel lautet:

Starke Kinder sagen Nein!

UND ZEIGEN DAS AUCH DURCH ENTSPRECHENDE GESTIK UND MIMIK

Warum Selbstschutz und Selbstverteidigung für Kinder?

Was ist der Unterschied zwischen Selbstschutz und Selbstverteidigung?

Selbstschutz bedeutet:

das Sich schützen, sich abschirmen gegen bestimmte negative Einflüsse, Gefährdungen o. Ä. (Quelle: DUDEN)

Selbstschutz umfasst mehr als Selbstverteidigung.

Selbstschutz beinhaltet Selbstverteidigung als Ultima Ratio (letztes geeignetes Mittel).

Selbstschutz umfasst aber nicht nur Maßnahmen zum Schutz vor unmittelbaren Übergriffen durch andere Menschen. Selbstschutz fängt bei ganz banalen Sachen an, etwa „welchen Schulweg wählen wir?", „welche Kleidung tragen wir?", „Sind meine Schuhe ordentlich gebunden?" oder „habe ich beim Radfahren einen Helm auf?".

Selbstverteidigung

Ist die unmittelbare Verteidigung gegen Angriffe

Können sich Kinder körperlich gegen Erwachsene wehren?

Wenn die Frage darauf abzielt, ob Kinder Erwachsene in einem Kampf überwältigen können, lautet die seriöse Antwort natürlich Nein.

Eine Kritik, die jetzt sicher kommt, ist, wofür soll mein Kind dann Selbstschutz und Selbstverteidigung lernen?

Dafür gibt es eine Vielzahl an Gründen.

- Durch angewandte Selbstverteidigungstechniken können Kinder die Aufmerksamkeit von Zeugen/Helfern auf sich ziehen
- Durch Gegenwehr kann ein Täter abgeschreckt werden.

- Durch Gegenwehr kann die Flucht ermöglicht werden.

Kinder werden nicht nur, und das zum Glück nur verhältnismäßig selten, von Erwachsenen angegriffen.

Wesentlich öfter werden Kinder Opfer von Übergriffen und Mobbing durch andere Kinder.

Eine Hauptform von Gewalt, denen Kindern ausgesetzt sind, ist Mobbing. Deshalb haben wir den Bereich Mobbing ein eigenes, das folgende Kapitel, gewidmet.

Durch dieses Kapitel sollen sie als Eltern, Verwandte und Trainer in die Lage versetzt werden, Mobbing zu erkennen und frühzeitig dagegen zu steuern.

Mobbing

Kinder- und Jugendgewalt findet sowohl in der Schule, als auch außerhalb der Schule, sowie auf dem Schulweg statt.

In der Schule findet Mobbing am häufigsten durch verbale Übergriffe statt.

In der Schule haben Kinder kaum eine Möglichkeit, sich Mobbing und Gewalt zu entziehen, da sie sich in der Regel stets in der gleichen Gruppe, dem Klassenverband, befinden.

Beispiele für typische Mobbinghandlungen:

-        beschimpfen

-        beleidigen

-        (grundloses) kritisieren

-        Auslachen

-        Verbreiten von Gerüchten

-        Zusammenarbeit verweigern

-        wegschauen

-        abwenden

-        ausschließen bei Spielen / Aktivitäten

-        schubsen

-        schlagen

-        sexuelle Belästigungen oder Übergriffe

-        verstecken persönlicher Gegenstände

- aufnehmen von Übergriffen auf Video

Untersuchungen belegen, dass (zumindest in der Schule) die verbale Gewalt wesentlich häufiger vorkommt als die faktische körperliche Gewalt.

Außerdem konnte beobachtet werden, dass die „Täter" sich steigern.

Es fängt mit „harmlosen" Spöttereien und Pöbeleien an, „Täter" sind körperlich oft überlegen, intellektuell jedoch schwächer.

Haben sie mit ihren Sticheleien Erfolg lernen sie an diesem „Erfolg" und steigern die Intensität der Übergriffe.

Im Grunde kann man sagen, dass auch die Täter eine Stärkung ihres Selbstbewusstseins brauchen, damit sie aus dem „Teufelskreis", sich auf dem Rücken anderer zu beweisen ausbrechen können.

Wann liegt tatsächlich Mobbing vor? / Wie definiert sich Mobbing?

Mobbing hat 4 Tatbestandsmerkmale (nach Jannan 2008, S. 26), die in Summe vorliegen müssen, damit man von Mobbing sprechen kann.

1. Kräfteungleichgewicht

Das Opfer steht einem oder mehreren Tätern allein gegenüber. Hanewinkel und Knaak verwiesen 2004 in ihrer Definition von Mobbing darauf, dass Mobbing nicht vorliegt, wenn zwei Kinder/Jugendliche, die körperlich und seelisch in etwa gleich stark sind miteinander kämpfen / Konflikte austragen.

2. Häufigkeit

Die zuvor beschriebenen typischen Mobbinghandlungen müssen mindestens einmal oder mehrmals in der Woche vorkommen, damit man von Mobbing sprechen kann (Olweus).

3. Dauer

Die beschriebenen Mobbinghandlungen erstrecken sich über einen gewissen Zeitraum.

Man spricht hier von Wochen / Monaten. Kurzzeitige, auch wiederholte, Übergriffe binnen einer Woche sind kein Mobbing.

4. Konfliktlösung

Das Opfer ist aus eigener Kraft nicht in der Lage, das Mobbing / die Übergriffe zu beenden.

Leitsatz: Nicht jede Gewalt ist immer Mobbing,

aber Mobbing ist immer Gewalt!

Mobbing wird oft aus mehreren Gründen nicht erkannt.

Der Hauptgrund besteht darin, dass sich betroffene Kinder und Jugendliche nicht hilfesuchend an Erwachsene wenden.

Oft schämen sich betroffene Kinder und Jugendliche, sich Vertrauenspersonen anzuvertrauen, weil sie sich dadurch unzulänglich fühlen.

Ein weiterer Grund ist oft Angst davor, dass das Mobbing aus Rache noch verstärkt wird, wenn sich das Kind / der Jugendliche Hilfe sucht.

Es gibt eine ganze Reihe von Verhaltensänderungen, die bei Kindern und Jugendlichen beobachtet werden können, wenn sie Opfer von Mobbing sind (Jannan 2008).

- Das Kind kommt bedrückt Nachhause
- Das Kind spricht leise, ist häufig still oder ohne erkennbaren Grund aggressiv oder aufbrausend
- Das Kind ist oft angespannt und nervös
- Das Kind erfindet ausreden, zum Beispiel für beschädigte Kleidung oder verloren gegangene Gegenstände
- Das Kind ist unsicher, sein Selbstwertgefühl nimmt mehr und mehr ab, das kann man zum Beispiel an Aufgaben erkennen, die „plötzlich" nicht mehr zu bewältigen sind (zum Beispiel Hausaufgaben)
- Das Kind zieht sich sowohl in der Schule als auch Zuhause von anderen zurück
- Das Kind verschlechtert sich zunehmend in der Schule
- Das Kind kann sich wegen seiner Probleme nicht mehr auf den Unterricht konzentrieren
- Vor dem Schulweg klagt das Kind immer häufiger über nicht nachvollziehbare Beschwerden, zum Beispiel Bauchweh, Kopfschmerzen oder Appetitlosigkeit
- Das Kind möchte nicht mehr zur Schule gehen, kommt auffällig zu spät, geht Aktivitäten mit den Mitschülern aus dem Weg
- Das Kind erhält keine Einladungen zu Kindergeburtstagen
- Das Kind will nach Schulende das Klassenzimmer nicht verlassen
- Das Kind will nicht mehr mit dem Bus zur Schule fahren, es möchte von den Eltern gefahren werden
- Das Kind hat häufig Albträume, das Kind ist müde und schläft schlecht
- Das Kind beginnt zu stottern

- Das Kind verliert angeblich immer wieder Geld (davon werden die Täter bezahlt)

Mobbing - Wer sind die Täter

- Überwiegender Anteil der Mobbingtäter sind Jungs (aber auch die Opfer sind überwiegend Jungs)
- Täter mobben überwiegend Opfer aus ihrer eigenen Geschlechtsgruppe
- 80 % der gemobbten Jungen werden von Jungen gemobbt
- Allgemeine Beobachtungen zeigen folgerichtig, dass Jugendgewalt ein männliches Phänomen ist
- Bei Mädchen werden 60 % der Mädchen von anderen Mädchen gemobbt
- Mädchen mobben überwiegend verbal
- Jungen haben überwiegend physische Mobbingstrategien

Täter weisen oft die folgenden Gemeinsamkeiten auf

- Täter sind häufig impulsiv, sie besitzen wenig Selbstkontrolle
- Im Miteinander mit anderen Kindern / Jugendlichen steht bei Tätern die aggressive Durchsetzung ihrer Ziele im Mittelpunkt. Die Ausübung von Macht wird als lustvoll empfunden und ist das wichtigste Motiv für das mobben
- Mobber sind in der Lage Schwächen beim Opfer leicht zu erkennen, zeigen jedoch keine Empathie. Sie haben keine „Antenne" für die Gefühlswelt ihres Gegenübers
- Sie sind im Durchschnitt häufig stärker als ihre Opfer und sind sich dieser Stärke bewusst (Olweus 2002, S. 65)

- Täter geben häufig an, ihr Opfer habe sie provoziert, laut Befragungen wird das jedoch nur in 20 % der behaupteten Fälle von Mitschülern / anderen Kindern / Jugendlichen bestätigt.
  Es dürfte sich also in den meisten Fällen um eine Schutzbehauptung handeln.
- Täter haben oft ein geringes Selbstwertgefühl, eine Eigenschaft, die sie mit den meisten Opfern gemeinsam haben
- Täter haben nur ein geringes Repertoire an Konfliktlösungsstrategien, die vorhandenen sind oft nicht angemessen
- Mobbing verschafft Tätern oft einen Sachvorteil (Geld, Sachen)
- Mobber sind einem höheren Risiko ausgesetzt, später auf die schiefe Bahn zu geraten

Zusammenfassung Gemeinsame Täterkennzeichen von Mobbingtätern

- **Zu wenig Konfliktlösungsstrategien**
- **Machtausübung**
- **Wenig Empathie**
- **Geringes Selbstwertgefühl**
- **Fehleinschätzung von Fremdverhalten**
- **Körperliche Stärke**
- **Impulsiv, geringe Selbstkontrolle**

Mögliche Ursachen für Täterverhalten

- **Machtbetonte Erziehungsmethoden**
- **Gewalt zwischen den Eltern**
- **Übertolerantes Verhalten**
- **Positiv bewertete aggressive Vorbilder**
- **Einfluss der Medien**

Was können Sie tun?

Was können sie tun damit Ihr Kind nicht Mobbingtäter wird?

Stärken sie das Selbstwertgefühl ihres Kindes, integrieren sie es in Gruppen, z.B. Sportverein, wo es nicht nur für seine „Stärke" Anerkennung bekommt.

Grundlegend sollten sie das gleiche machen, wie die im folgenden genannten Möglichkeiten, Kinder davor zu schützen, zu Mobbingopfern zu werden bzw. diese daraus zu befreien.

Denn, Mobbingtäter fehlt es ebenso an

- Aufmerksamkeit
- Wertschätzung
- Konfliktlösungsstrategien usw. um ein starkes Selbstbewusstsein zu entwickeln.

Nur holen sich Mobbingtäter diese Aufmerksamkeit durch negatives Verhalten.

Was können sie tun, damit ihr Kind nicht zum Mobbingopfer wird, beziehungsweise sich schnell aus der Mobbingfalle befreien kann?

Der beste Schutz vor Mobbing ist ein starkes Selbstvertrauen und ein starkes Selbstbewusstsein.

Sie können nur dann wirksam helfen, wenn sie genau verstehen, was Mobbing ist und wie es entsteht, wer die Täter sind und welches Verhalten ihres Kinders Mobbing „begünstigen" kann.

Deshalb lesen sie auch die vorstehenden Informationen, auch wenn wir alle tendenziell dazu neigen gleich ins Lösungsbuch zu schauen.

1

Sorgen sie dafür, dass ihr Kind optisch nicht als Mobbingopfer wahrgenommen wird.

Wenn ein Kind sich niedergeschlagen, betrübt und schwach fühlt dann macht sich das an der Körperhaltung bemerkbar. Es läuft dann eher gebeugt (in sich versunken), es macht sich klein.

Mobber haben selbst oft ein schwaches Selbstvertrauen und ein negatives Selbstbild. Mobben ist oft ein Weg, von den eigenen Unzulänglichkeiten abzulenken. Es werden auch in der freien Wildbahn die Tiere gerissen, die „schwach" aussehen.

Achten sie darauf, dass ihr Kind einen aufrechten Gang hat, sich selbstbewusst bewegt und geistig wach und aufmerksam wirkt.

Das hat zudem den Effekt, dass das Kind sich umgekehrt so fühlen wird, wie es sich bewegt, das heißt groß, stark, sicher und selbstbewusst.

Tipp:

Spielen sie Superheld oder Prinzessin.

Sport; ist nicht nur gesund und auch für die geistige Entwicklung ihres Kindes förderlich. Sport sorgt auch dafür, dass ihr Kind Körperspannung bzw. eine vernünftige Körperspannung hat.

Spiel: Superheld oder Prinzessin

Dazu muss das Kind die Körperhaltung einnehmen, die der typischen Körperhaltung des von ihm gespielten Spielecharakter entspricht.

Eine Prinzessin läuft stolz, aufrecht, die Krone darf natürlich nicht von dem gebeugten Haupt rutschen.

Der Superheld läuft gerade und aufrecht, um seine Gegner zu überragen.

Durch dieses Spiel wird ihr Kind seine Körperhaltung im Alltag automatisch seinen „Idolen" anpassen und dadurch selbstsicher wirken, diese Selbstsicherheit aber auch spüren.

2

Spielen sie Rollenspiele

Kinder lieben Rollenspiele. Am liebsten spielen sie natürlich Superhelden oder andere starke Rollen.

Sie können Rollenspiele nutzen, um das Selbstwertgefühl ihres Kindes zu fördern und / oder aufzubauen.

Ein mögliches Spiel ist sehr einfach. Sie schildern ihrem Kind die typischen Mobbingangriffe und fragen ihr Kind wie sich Spiderman und Co. verhalten würden, wenn sie solchen Angriffen ausgesetzt wären.

Dabei stellen sie die Regel auf, dass Superhelden niemanden beleidigen. Oft wird bei diesem Spiel auch die Regel aufgestellt, dass die Superhelden niemanden verletzen dürfen. Leider ist diese Variante schön aber meines Erachtens nicht sehr realistisch. Werden Kinder körperlichen Angriffen

ausgesetzt ist es wichtig, dass sie auch ihre Kraft nutzen, um Grenzen zu setzen. Meine Empfehlung:

Lassen sie diese Regel weg. Wenn das Thema Gewalt als Lösung der Superhelden angesprochen wird thematisieren sie nicht das ob, sondern das wie (Verhältnismäßigkeit im laienhaften Sinne).

Verbieten sie also nicht grundsätzlich Gewalt als Mittel um sich gegen Gewalt zu wehren, sondern sorgen sie dafür, dass sich ihr Kind nur mit angemessenen Einsatz wehrt (nicht mit Kanonen auf Spatzen schießen).

Ich weiß und habe einkalkuliert, dass sich hier bei dem ein oder anderen Widerspruch regt.

Gewalt kann durch selbstbewusstes Auftreten und Kommunikative Stärke verhindert werden. Was ist, wenn das nicht funktioniert? Wollen sie, dass ihr Kind wehrlos ist?

Nein, das wollen sie nicht.

Gewalt ist das letzte Mittel Gefahren abzuwehren, kann aber durchaus legitim sein.

Gewalt existiert und Kinder müssen lernen damit umzugehen, wenn es keine gangbare Option gibt.

Ist ihr Kind älter, dann funktioniert das Durchsprechen des oben aufgeführten Themas natürlich auch ohne die „Superheldenlegende".

> Merke:
>
> Rollenspiele stärken die Reaktionsfähigkeit (Schlagfertigkeit) von Kindern und erweitern ihre Kompetenzen und Problemlösungsstrategien. Sie haben ein Handwerkszeug um sich zu behaupten und fühlen sich nicht wehrlos und ausgeliefert falls sie in eine Mobbingsituation geraten.

3

Visualisierung von Gedanken

Die Macht mentaler Bilder

Stellen sie sich vor, sie werden morgens wach und sehen sich selbst wie sie auf der Arbeit ausgelacht, beleidigt und verprügelt werden.

Wie würden sie sich fühlen?

Wie würden sie sich bewegen?

Wie würden sie handeln?

Vermutlich würden sie sich nicht gut fühlen, sie würden vermutlich nicht mit Stolz geschwellter Brust zur Arbeit gehen, vielleicht würden sie gar nicht zur Arbeit gehen und wahrscheinlich hätten sie „Bauchschmerzen".

Wenn ihr Kind mit diesen Bildern im Kopf aufwacht, wird es ihm genauso gehen. Das ist der Punkt, an dem ihr Kind morgens scheinbar ohne erkennbaren Grund über Bauchschmerzen plagt.

Solche Bilder, die durch die Gedanken ihres Kindes entstehen sorgen möglicherweise dafür, dass ihr Kind schon mit dem entsprechenden Selbstbild in der Schule ankommt (wenn es hingeht).

Kann ihr Kind diese (oft) Dauerschleifen nicht mit positiven Bildern durchbrechen, wird es sich als „Opfer" bewegen und verhalten, wodurch genau das eintreten wird was es sich zuvor vorgestellt hat / gesehen hat.

Es handelt sich dann um eine sogenannte „selbsterfüllende Prophezeiung.

Die SEP ist eine Vorhersage, die Ihre Erfüllung selbst bewirkt. Eine Prognose über die mögliche Zukunft hat entscheidenden Einfluss und ist wesentliche Ursache dafür, was tatsächlich eintreten wird. Es wird kommen, an was ihr Kind glaubt, seien es gute oder eben auch schlechte Sachen / Situationen.

Erzählen sie ihrem Kind Mentalgeschichten (auch Mutmachgeschichten genannt).

Diese Geschichten helfen ihrem Kind entspannter und selbstbewusster zu werden.

Wer entspannt ist wirkt cool / gelassen und bietet somit weniger Angriffsfläche für Mobbingübergriffe.

Pflegen sie die Psyche ihres Kinders sowie den Körper. Das Stichwort heißt geistige Hygiene.

Pflegen sie die Gedankenwelt ihres Kindes. Ein Weg dafür sind Mentalgeschichten.

Auch geführtes Kinderyoga ist eine mögliche und gute Alternative

4

Stark durch Erfolge

Mobbingopfer sind oft (nicht immer) körperlich unterlegen. Sie sehen sich oft (nicht nur aus körperlichen Gründen) als Verlierer / Versager. Dieses Gefühl verstärkt sich, umso länger sie gemobbt werden.

Es hilft ihrem Kind seine Selbsteinschätzung und sein Selbstwertgefühl zu verbessern, wenn es Erfolgserlebnisse hat.

Diese Erfolgserlebnisse können vielschichtig sein. Dabei ist nicht ausschlaggebend, wie groß die Erfolge sind. Entscheidend ist, wie bewusst das Kind diese Erlebnisse wahrnimmt.

Tipps:

- Lassen sie ihr Kind so viel es geht, selbst ausprobieren

- Vermeiden sie Vorwürfe, wenn ihr Kind etwas falsch macht, sondern ermutigen sie es zu weiteren Versuchen
- Wenn dem Kind etwas gelingt, loben sie es. Geben sie ihm das Gefühl, dass es stolz auf sich sein kann

Mit zunehmender Zeit wird es sich nicht mehr als Verlierer sehen.

Das Kind soll lernen zu sehen was es kann, nicht was es nicht kann.

An dieser Stelle möchte ich nochmal erwähnen, wie wichtig Sport für die körperliche, aber auch geistige Entwicklung ihres Kindes ist.

Beim Sport lassen sich Erfolgserlebnisse leicht erleben.

Geben sie ihrem Kind die Möglichkeit verschiedene Sportarten auszuprobieren.

Es wird sich das richtige finden. Eventuell brauchen sie hierzu Geduld, eventuell wird es nicht ihr Lieblingssport sein. Aber auch das zu akzeptieren ist wichtig für ihr Kind.

5

Tappen sie nicht in die Lob-Falle

Loben sie ihr Kind nicht für jede Kleinigkeit. Zuviel Lob kann dazu führen, dass ihr Kind von Lob, dem Zuspruch anderer und letztlich der Meinung anderer abhängig wird.

Wird ihr Kind dann erneut Mobbing ausgesetzt, ist das mühevoll aufgebaute Selbstvertrauen sehr schnell zerstört. Helfen sie ihrem Kind selbst zu erkennen, wann es etwas richtig oder gut gemacht hat. Ein gutes Synonym für „gut gemacht" ist in diesem Kontext: „Du darfst stolz auf dich sein".

Erkennt und kennt ihr Kind seinen eigenen Wert und seine Stärken selbst, dann ist es unabhängiger von den Meinungen anderer und damit auch sicherer vor Spott und körperlichen Übergriffen.

6

Grenzen setzen und verteidigen

Gemobbte Kinder lassen sich oft zuviel gefallen.

Ermöglichen sie ihrem Kind auch Zuhause Grenzen zu setzen und achten sie darauf, dass diese Grenzen auch respektiert werden. Setzt ihr Kind Grenzen (auch Geschwistern gegenüber) und achtet darauf, dass diese eingehalten werden. Unterstützen sie ihr Kind darin seine Grenzen festzulegen und zu „verteidigen". Zum Beispiel **muss** ihr Kind nicht jedes Spielzeug mit Geschwistern teilen. Es darf selbst entscheiden. Unterstützen sie ihre Kinder zum Beispiel damit, dass bestimmte Spielzeuge gekennzeichnet werden. Somit erkennen alle Kinder die Grenze und es ist leichter sie zu akzeptieren.

7

Kommunikative Fähigkeiten

Diskutieren sie auch mal

Kinder, die Mobbing ausgesetzt sind, weichen Angriffen oft aus und ziehen sich schweigend zurück.

Oft wäre es in solchen Situationen angezeigt, sich verbal zur Wehr zu setzen. Stärken sie die „Kommunikative Stärke" ihres Kindes, indem sie sich viel mit ihm unterhalten. Ihr Kind muss auch lernen, verbal widerstreitende Interessen zu vertreten, also zu diskutieren. Das kann anstrengend und nervig sein. Für die Entwicklung kommunikativer Stärke ist es jedoch sehr wichtig.

Brechen sie „Diskussionen", zum Beispiel über verschiedene Ansichten zu unangemessene Kleidung (Badelatschen im Schnee) zu früh und zu dominant ab, kommt bei dem Kind an: „Deine Meinung zählt nicht". Natürlich gehören solche Situationen auch dazu. Man kann nicht immer alles

ausdiskutieren. Es gibt Situationen, in denen das nicht möglich ist.

Kommt es jedoch zu häufig vor, dass wir mittels der universellen „Machtkeule Ich Eltern – du nix" Diskussionen früh-, beziehungsweise vorzeitig beenden, kann ihr Kind das Vertrauen in seine Meinung und Urteilsfähigkeit verlieren oder zumindest anzweifeln, so dass es sich auch gegen verbales Mobbinganfeindungen nicht mehr wehrt. Es hat ja die Erfahrung gemacht, dass es dann Ärger gibt, beziehungsweise seine Einwände / Widersprüche keinen Erfolg versprechen. Warum also

Energie verschwenden? (Vorsicht: Unsere Kinder lernen sehr schnell).

Oft wenden sich Kinder mit solchen Erfahrungen auch nur sehr spät hilfesuchend an die Eltern oder andere Erwachsene Bezugspersonen um Hilfe zu erhalten.

Ein positiver Effekt der „Diskutiererei":

Wenn sie öfter mit ihrem Kind widerstreitende Meinungen ausdiskutieren wird es das Gefühl haben, dass seine Meinung ernst genommen wird (einen Wert hat). Es wird dann sehr bald nicht mehr jede Kleinigkeit ausdiskutieren.

Diskussionen können anstrengend sein. Sie stärken jedoch die kommunikativen Kompetenzen ihres Kindes.

Nur wenn ihr Kind überzeugt ist, dass seine Meinung wichtig ist wird es sich trauen diese Meinung zu sagen und seine Interessen mit Nachdruck vertreten.

8

Ist ihr Kind zu brav?

Nicht selten sind „die braven" Kinder Mobbing ausgesetzt.

Sehr streng erzogene Kinder neigen dazu, sich eher unterzuordnen und ihren eigenen Willen nicht durchzusetzen.

In der „Trotzphase" des Kindes sollten sie ihm auch mal seinen Willen lassen. Zu viele Androhungen und Ermahnungen zu bedingungslosem Gehorsam können dazu beitragen, dass ihr Kind sich nicht nur Zuhause unterordnet und sich zu viel gefallen lässt ohne sich Hilfe zu suchen.

Wenn sie einen solchen Engel Zuhause haben, geben sie ihm ab und zu an der ein oder anderen Stelle mehr Freiheiten um sein Selbstwertgefühl zu stärken (natürlich in Maßen). Das soll nicht bedeuten, dass ihr Kind jetzt eine Freifahrtschein hat und alles darf.

Durch die neuen Freiheiten wird ihr Kind mehr tun, dabei mehr gut machen und dadurch Erfolgserlebnisse haben, die sein Selbstwertgefühl und damit seine Stärke und Wehrhaftigkeit steigert.

9

Gemobbte Kinder trifft keine Schuld

Vermitteln sie ihrem Kind nicht (auch nicht unabsichtlich) das Gefühl, dass es selbst daran schuld ist dass es gemobbt wird oder dazu beigetragen hat, dass die Situation so ist.

Vermeiden sie auch beiläufige Fragen oder Bemerkungen, wie: "Warum lässt du dir das immer gefallen?" *(Dieser Satz rutscht sehr schnell raus)*

Glauben sie mir, könnte ihr Kind die Situation aus eigener Kraft ändern würde es das tun.

Versuchen sie, stattdessen ihr Kind zu stärken und zwar durch Verständnis und Unterstützung.

10

Nehmen sie ihr Kind ernst

Aus unserer Erwachsenen-Sicht wirken die Probleme unserer Kinder oft klein und unwichtig.

Sicher, es geht oft um Kleinigkeiten (nach unseren Maßstäben), für unsere Kinder können diese Probleme größer sein. Versuchen sie, ihr Kind auch ernst zu nehmen, wenn es mit „Kleinigkeiten" zu ihnen kommt, etwa wenn es sich täglich darüber beschwert dass andere Kinder seine Schulsachen

verstecken. Versuchen sie, solch Probleme nicht damit abzutun, dass sie beispielsweise sagen: „ Die wollen dich nur ein bisschen ärgern, das musst du aushalten können."

Viele Kleinigkeiten werden schnell zu einem großen Problem / einer großen Sache.

Ihr Kind kann sich dadurch wütend und hilflos fühlen. Respektieren sie diese Gefühle und nehmen sie auch „kleine" Probleme ernst. Nur so fördern sie nachhaltiges Vertrauen, das gewährleistet, dass ihr Kind sich auch hilfesuchend an sie wendet wenn die Probleme größer werden.

Kinder lernen dadurch dass es wichtig ist dass sie Gefühle haben und dass sie auch ein Anrecht darauf haben, dass diese Gefühle von anderen geachtet werden.

11

Gemeinsam stark

Mobbingtäter suchen sich oft Opfer mit sehr wenigen oder gar keinen Freunden, da diese auch wenig Unterstützung bekommen. Besonders schwer haben es Kinder zum Beispiel nach einem Schulwechsel wenn sie eher schüchtern und wenig kontaktfreudig sind. Dann stehen Kinder sehr

schnell alleine da, wenn sie es nicht schaffen neue Freunde zu finden.

Sie können ihr Kind dabei unterstützen / Gelegenheiten bieten, bei denen es lernt, beziehungsweise üben kann Kontakte zu knüpfen.

Beispiele hierzu:

- Besuchen sie mit ihrem Kind Probetrainings bei verschiedenen Sportvereinen
- Besuchen sie Kinderfeste
- Besuchen sie Spieleparadiese / Indoor-Spielplätze

Freunde bieten einen guten Schutz gegen Mobbingtäter. Diese haben oft selbst ein geringes Selbstwertgefühl und suchen sich oft Einzelgänger oder Außenseiter als Opfer, da sie hier mit weniger Gegenwehr der Opfer, beziehungsweise Unterstützung durch Helfer rechnen müssen.

Erinnern sie sich an das Jagdverhalten wilder Raubtiere. Eine bekannte Strategie besteht darin schwache/junge Tiere von der Gruppe zu isolieren und dann gemeinsam mit anderen Rudeltieren zu überwältigen / zu töten.

12

Richten sie den Blickwinkel ihres Kindes neu aus

Mobbing ist sehr belastend für Kinder.

Umso länger Mobbing andauert, desto mehr wirkt es sich nicht nur in der Schule sondern auch in allen anderen Lebensbereichen aus.

Das Kind richtet seinen Fokus mehr und mehr auf negative Situationen und Erfahrungen.

Das Kind kann sehr schnell zu dem Schluss kommen, dass alle gegen es sind.

Erschaffen sie positive Erlebnisse, Gedanken und Erfolgserlebnisse für ihr Kind.

Dadurch können sie es dabei unterstützen, weinen Fokus auf positive Gedanken zu richten.

Die E-V-B-Methode

E – Erkennen der Gefahr => Analyse mit Hilfe der A-B-F-Praktik

V – Vermeiden => Der Gefahr aus dem Weg gehen

B – Bewältigen der Gefahr => durch Selbstverteidigungstechniken, Ultima Ratio!

⇨ Die Bewältigungsphase enthält Flucht als Option bei günstiger Gelegenheit

Bei der E-V-B-Methode bedienen wir uns im Bereich des Erkennens eines vereinfachten Instruments aus der Polizei-, bzw. Militärpraxis. Dort wird das „Beurteilung der Lage" genannt. Wir sprechen von Beurteilen der Situation, indem die Kinder Fakten einschätzen und entscheiden sollen, was diese für sie bedeuten.

Einschätzen der Situation

Wir möchten hier einen Prozess willentlich durchführen, der permanent abläuft, den wir selbst oft nicht wahrnehmen.

Ein Reiz wird aufgenommen über einen der fünf Sinne

Hören

Riechen

Schmecken

Sehen

Tasten

Diese Reize werden in einem Prozess der Informationsgewinnung und - verarbeitung verarbeitet. Das geschieht durch unbewusstes (und beim Menschen manchmal bewusstes) Filtern und Zusammenführen von Teil-Informationen zu subjektiv sinnvollen Gesamteindrücken. Im Prinzip wird hierbei auf individuelle Erfahrungen zurückgegriffen.

Um eine Situation also als potenziell gefährlich einstufen zu können muss eine entsprechende Erfahrung gespeichert sein.

Am deutlichsten wird das wohl an dem Beispiel mit dem Kind und der heißen Herdplatte.

Hat das Kind einmal auf die heiße Herdplatte gegriffen und hat sich dabei weh getan, wird das Kind die heiße Herdplatte ab diesem Zeitpunkt mit Schmerz und Gefahr in Verbindung bringen.

Umstritten ist dagegen das Vorhandensein des sogenannten sechsten Sinnes.

Ohne sich an der Begrifflichkeit festzuhalten bin ich der festen Überzeugung, dass es so etwas wie den sechsten Sinn gibt.

Nach meiner Meinung handelt es sich bei dem sechsten Sinn um das Ergebnis der unbewussten Auswertungen von Signalen, die über die bekannten 5 Sinne aufgenommen und unbewusst verarbeitet und dabei mit Erfahrungswissen abgeglichen werden.

Stichwort: Großer Erfahrungsschatz in vergleichbaren Situationen.

Das Ergebnis ist dann ein Gefühl, eine Intuition, die vielleicht zunächst nicht objektiv erklärt werden kann, aber bei dem sich zeigt, dass ein möglicherweise ungutes Gefühl sich oftmals in einer unguten Situation als Folge widerspiegelt.

Wer sich in Gefahr begibt, der kommt darin um!

Wer sich jetzt nicht in Gefahr begeben möchte, muss sie also erkennen?

Dazu müssen Erfahrungen im Gehirn abgeglichen werden. Erfahrungen, die unsere Kinder noch nicht in dem Ausmaß haben wie wir Erwachsene.

Erstes Kriterium, um festzustellen wann Gefahr droht, ist unser Gefühl.

Wenn sich was komisch anfühlt, dann ist es in der Regel auch komisch.

Tipp: Stärkt Kinder darin, auf ihr Gefühl zu hören!

Bei der Ausbildung der Kinder nennen wir diese Praktik A-B-F.

A-B-F steht für Ansprechen – beurteilen / bewerten – folgern.

Das können sie mit ihrem Kind je nach Alter sehr gut üben.

Anstatt Ansprechen können sie auch Aufmalen verwenden, arbeiten sie mit Bildern. Ein Bild sagt mehr als 1000 Worte.

Gehen sie wie folgt vor und üben sie mit ihrem Kind so, Situationen zu analysieren.

Sprechen sie Umstände und Situationen an, helfen sie ihrem Kind eigene Schlüsse zu ziehen, was das bedeuten, beziehungsweise für Folgen haben kann. Erörtern sie gemeinsam logische Verhaltensweisen, wie ihr Kind auf die Situation und seine Beurteilung hin nun richtig reagiert.

Ansprechen = Was siehst du?

Bewerten = Was bedeutet das?

Folgern = Was machst du jetzt?

Üben sie das auf verschiedene Weisen, auch in Rollenspielen.

Ihr Kind wird so zum Problemlösungsexperten

Ein Beispiel:

Ansprechen

Ein fremder Mann hält neben dir in einem Auto.

Beurteilen

Was bedeutet das für dich? **Der kann mich mitnehmen.**

Folgern

Was kannst du jetzt tun? **Weglaufen.**

Ein weiteres Beispiel, wie man dies im Alltag täglich üben kann

Ansprechen (Was siehst du)

Eine rote Ampel

Beurteilen (Was bedeutet das für dich?)

Ich kann die Straße nicht überqueren

Folgern (Was machst du jetzt?)

Ich warte das es grün wird und überquere dann die Straße

Vermeiden der Eskalation / Gefahr

Wurde eine Situation aufgrund des eigenen Erfahrungswissens als potenziell gefährlich eingestuft, dann wäre die Folge, diese Situation / Gefahr, beziehungsweise die sich abzeichnende Eskalation zu vermeiden.

Bis zum Einschätzen der Situation funktioniert das ohne Übung in der Realität ganz gut, beim Vermeiden wird das schon etwas schwieriger.

Mögliche Ursachen sind:

Fehleinschätzung der Situation

Fehleinschätzung der eigenen Kompetenz, die Situation klären zu können (Überschätzung)

Ritualkampf-/Beschützer-Euphorie

Vermeidungsstrategien für Kinder

Sich der Situation entziehen / Flucht

Die aussichtsreichste und wohl bekannteste Vermeidungsstrategie ist die Flucht

---

Wichtig:

Auch durch die Flucht können weitere Gefahren entstehen. Zum Beispiel durch unachtsames Rennen über eine befahrene Straße oder ein vermeintlich zugefrorener See.

Flucht ja – versuchen sie beim Üben darauf zu achten, dass ihr Kind dabei nicht alles um sich herum ausblendet.

Passive Verteidigungsstrategien und Körpersprache

Täter suchen sich Opfer – Gegenwehr ist nicht erwünscht

Der o.a. Satz ist einer der Leitsätze von den I.N.KAS Kids und in der Selbstverteidigung grundsätzlich. Zum Opferverhalten liegen hier keine fundierten Forschungen vor.

Der o.a. Leitsatz entstammt zum einen der polizeilichen Erfahrung des Systementwicklers, zum anderen von Studien aus den USA, die Übergriffe auf Polizeibeamte mit tödlichem Ausgang untersucht haben.

Aus meiner persönlichen Erfahrung in der Arbeit mit Tätern und Opfern, kann ich Ihnen sagen, dass diese Untersuchungsergebnisse im zivilen Bereich auf „Opferverhalten" übertragbar sind.

Ergebnis dieser Studien, die sich über mehrere Jahrzehnte erstreckt haben (Pinizotto, Toch und weitere) ist die Erkenntnis, dass es sowas wie Survivability (Pinizotto) gibt.

Demnach handelt es sich bei Survivability (aus dem englichen to survive und ability = sinngemäß Überlebensfähigkeit), was übersetzt so viel wie Überlebensfähigkeit bedeutet um eine Eigenschaft, die Menschen aufwiesen, die bestimmte Verhaltensmuster an den Tag legten. Solche Menschen überlebten potenziell lebensbedrohliche Situationen, die andere Personen, die genau diese Verhaltensmuster / Eigenschaften nicht zeigten, getötet

wurden.

Ausfluss aus diesen und weiteren Untersuchungen und der ganz persönlichen Diensterfahrung des Systementwicklers belegen, dass Körperspreche, Mimik und Tonlage einen erheblichen Einfluss auf die Fremdwahrnehmung von Personen, somit auch Kindern haben.

Menschen mit einer hohen Survivability weisen folgende gemeinsame Eigenschaften auf:

- Gepflegtes Auftreten
- Freundliches Auftreten
- Guten Körperspannung
- Wache Ausstrahlung
- Verhaltens ich regelkonform
- Hohe körperliche und geistige Präsenz
- Gute Beobachter

Körpersprache, Mimik und Tonlage gewähren einen tiefen Einblick in Menschen.

Bei einem Vortrag beispielsweise sind lediglich 7 Prozent Fachwissen und 38 Prozent Stimme, jedoch 55 Prozent Körpersprache erforderlich um andere zu überzeugen.

Das heißt 55 % des Einflusses einer Botschaft machen Mimik, Körperhaltung und Gestik aus, 38 % sind auf die Aussprache, also z. B. Stimmlage oder Lautstärke zurückzuführen und nur 7 % auf den Inhalt der gesprochenen Worte selbst (Albert Mahrabian).

Der Eindruck, den eine unbekannte Person macht hängt nur zu 10% von dem ab was sie sagt, dagegen zu 90 % was sie ohne Sprache durch Mimik, Gestik, Haltung, Kleidung, Parfüm etc.. vermittelt. Selbst wenn die Person besser bekannt ist, bestimmen die nonverbalen Signale immer noch 60 % des Eindrucks.

Wir erhalten also mehr als die Hälfte der Informationen über einen anderen Menschen durch seine Mimik, Gestik und seine Körperhaltung. Daraus lässt sich schließen, dass die Art und Weise, wie sich unsere Kinder geben und bewegen, wie sie von anderen wahrgenommen werden, sehr wichtig ist für ihre Sicherheit.

Ziel des Trainings mit Ihrem Kind, ist es, dass uns anvertraute Kinder stark, selbstsicher

und freundlich (nicht zu jedem) auftreten und dadurch von vorneherein als

Tatopfer in der Wahrnehmung potenzieller Täter ausscheiden.

Beginnen Sie mit einer „guten" Körperhaltung (siehe auch Kapitel Mobbing).

Eine der besten Möglichkeiten, die Körperhaltung zu verbessern ist Sport jeglicher Art.

3-L Regel

Was ist die 3-L Regel?

Die 3-L Regel sollen Kinder nach Möglichkeit immer dann befolgen, wenn sie Angst bekommen, ihnen etwas komisch vorkommt.

Trainer-Tipp: Stärken sie die Kinder darin, auf ihre Instinkte zu hören.

Kinderinstinkte sind oft besser als die von Erwachsenen, da sie noch nicht

abgestumpft sind. Lediglich die Interpretation ist noch nicht ausgebildet.

Die 3-L-Regel lässt sich sehr schön in Spiele verpacken.

Ihrer Kreativität sind dabei keine Grenzen gesetzt.

Die 3-L-Regel umfasst folgende 3 Begriffe

Licht

Leute

Lärm

Licht

Kinder in Bedrohungssituationen sollte ermutigt werde, Orte aufzusuchen die beleuchtet sind, also in denen sie sich orientieren können, aber noch wichtiger, als hilfesuchend wahrgenommen werden können, zum Beispiel durch Hilfskräfte (Polizei) aber auch durch Passanten oder Anwohner.

Ihr Kind kann sich Verdächtigen in einer Gefahrensituation (z.B. Ansprechen durch einen Erwachsenen) völlig richtig verhalten, Zum Beispiel weglaufen und Lärm machen. Begibt es sich dabei aber in einen dunklen nicht einsehbaren Bereich (z.B. dunkler Park), dann kann es noch gefährlich er werden.

Leute

Kinder in Bedrohungssituationen werden in unseren Trainings dazu ausgebildet, sich in Bedrohungssituationen hilfesuchend an andere Menschen (im Optimalfall Gruppen /Menschenansammlungen) zu wenden.

Gruppen geben Sicherheit (Gemeinsam ist man stark). Es ist unter normalen mitteleuropäischen Umständen sehr unwahrscheinlich, dass Kinder aus einer größeren Gruppe heraus kollektiv Gefahr droht.

⇨ Ermutigen sie Ihr Kind, sich an Ansammlungen, Gruppen von Passanten zu wenden, oder aber im Worst Case auch an Einzelpersonen in der Öffentlichkeit

Wir arbeiten aktuell an einem Projekt, welches wir HOLA (Namensgebung aufgrund der Spielpause bei Kindern) nennen, ein Begriff, den Kinder aufgrund der Begrifflichkeit bereits kennen und wissen was er bedeutet.

Das Projekt HOLA soll leicht erkennbare „Hilfspunkte" (z.B. Geschäfte) für Kinder bieten, die sich in Gefahr befinden oder verletzt sind.

An diesen Stellen sollen deutlich identifizierbare Aufkleber angebracht werden, die sagen: „Hier bekomm ich Hilfe".

Die Hilfe soll sich nur im Rahmen allgemeiner Zivilcourage abspielen, ähnlich wie bei der erste Hilfe die Rettungskette:

Verständigung Eltern, Polizei, Abschreckung verdächtiger Personen durch Anwesenheit.

PROJEKT
HOLA

Hier befindet sich eine HOLA Rettungsinsel. Kinder, die Angst haben, sich in kleinen und großen Notlagen befinden oder verletzt sind können hier Hilfe suchen

Wenden sie sich an uns, wenn sie Teil von „HOLA" sein möchten

Lärm

Kinder in Bedrohungssituationen werden in unseren Trainings dazu ausgebildet, Lärm zu machen. Dabei ist es unerheblich in welcher Form. Auf ein schreiendes Kind reagiert jeder normal sozialisierter Mensch.

- Schreien kann den Angreifer ablenken. Möglicherweise sieht er sich um, um festzustellen, ob jemand die Schreie ihres Kindes hört oder gar schon darauf reagiert.
- Schreie könne gehört werden und dazu führen, dass Passanten sofort einschreiten oder aber Hilfe rufen (Polizei)
- Schreie können dazu führen, dass Täter aus Angst vor Entdeckung von der weiteren Tatausführung Abstand nehmen.

- Auch wenn der Schrei / die Schreie ihres Kindes nicht gehört werden und dazu führen, dass Passanten sofort einschreiten oder aber Hilfe rufen (Polizei)
- Schreien macht die Gegenwehr, also die Schläge und Tritte kraftvoller (Kampfschrei). Dadurch steigt auch der Mut des Verteidigers.

Der Kiai (Kampfschrei) ist auch ein wesentliches Element in vielen Kampfkünsten und erfüllt mehrere Zwecke:

- zeitliche und räumliche Koordination der körperlichen Energie und der psychischen Aufmerksamkeit auf die ausgeführte Schlag-, Tritt- oder Wurfaktion (jap. Kime)
- Aufrechterhaltung der inneren Anspannung und Aggression nach einem erfolgreichen Treffer (dadurch ist man in der Lage weiterzukämpfen, ohne durch Freude oder Erleichterung in der Konzentration nachzulassen) (jap. Zanshin oder Zan-Shin)

Verhalten gegenüber fremden Erwachsenen

Wenn Kinder hier ein paar einfache Grundregeln beachten, leben sie sicherer!

Nicht jeder Erwachsene ist freundlich!

Hier fängt das Problem für Kinder an.

Woran erkennt man den „bösen Mann / die böse Frau"?

Leider ist es nicht ganz so leicht, wie in dem Kinderspiel aus dem 19. Jahrhundert „Wer hat Angst vorm schwarzen Mann".

Erstaunlich ist die Wirkung des Spieles, auch heute noch werden Schatten, ein dunkles Äußeres / dunkle Kleidung von Kindern mit Bösem und Gefahr assoziiert.

Stellen sie das Bild im Rahmen ihres Trainings ihrem Kind oder in einer Kindergruppe vor und fragen sie in die Runde:

„Ist der Mann auf dem Bild gut oder böse"?

Dreimal dürfen sie raten, wie die Antwort lautet.

Klar: Böse!

Was denken sie, zu welcher Bewertung die Kids beim folgenden Bild kommen?

Klar, der Mann lächelt, trägt ein Jackett, der muss lieb sein.

Oder was sagt ihr zu dem???

Symphatisch – oder?

Bringt euren Kids bei: An Kleidung, Lächeln oder einem süßen Hundewelpen

kann man den Charakter von Menschen nicht erkennen!

Wäre schön, wenn es so einfach wäre, ist es aber leider nicht

Quelle: Internet

Sicher haben sie ihn erkannt?

Richtig: Anders Breivik – eher kein guter Umgang.

Es liegt an ihnen, die Sinne der Kids zu schärfen.

Bringen sie ihren Kids bei, ausdrücklich „NEIN" zu sagen, wenn ihnen etwas

komisch vorkommt und es sich in Gefahr sieht. Erklären sie ihnen ausdrücklich, dass niemand etwas von ihnen verlangen darf was sie nicht wollen und außerdem, dass Erwachsene, die es gut mit ihnen meinen diese Grenze auch nie überschreiten würden.

Erklären sie Ihren Kindern ganz deutlich, dass im Zeitalter von Handy und Navi, niemand ein 6- oder 7-jähriges Kind nach dem Weg fragt. Erwachsene können das in der Regel besser erklären.

Erklären sie Ihrem Kind, dass kein fremder Erwachsener sie auf der Straße in ein Gespräch verwickeln wird!

Sprechen sie mit ihren Kindern auch über Beobachtungen in ihrem Umfeld und erkennen sie so vielleicht Vorbereitungen zu Übergriffen / Straftaten zum Nachteil von Kindern.

Üben sie mit den Kids im Rahmen von Rollenspielen Verhalten für den Notfall (L-L-L).

Warnen sie Kinder nicht pauschal vor Fremden, sondern vor Taten / Handlungen. Für Kinder ist der Begriff des Fremden schwer vermittelbar. Für Kinder sind Erwachsene oft schon nicht mehr fremd sobald sie sich mit Namen vorstellen und das Kind bei dem Namen nennt.

Üben Sie immer wieder die 3-L-Regel in verschiedenen Szenarien.

Üben Sie Kommunikation / freies Sprechen vor der Gruppe. Nur Kinder, die sich angstfrei und selbstbewusst artikulieren können sind in der Lage um Hilfe zu bitten.

Beispiel

Ihr Kind feiert Kindergeburtstag. Lassen sie ihr Kind die Kinder mit einer Ansprache begrüßen und das Tagesprogramm vorstellen.

Durch solche Aktionen wird Ihr Kind zum Kommunikationsexeperten. Das gibt Sicherheit und Stärke und dadurch ein gutes Selbstwertgefühl.

Schafft Sie mit Freunden und Bekannten „Rettungsinseln" für die Kids wenn ihr ihr Umfeld kennen. Das können Geschäfte, Tankstelle, Lokale oder ähnliches auf dem Schul-, Kita- oder Spielweg der Kinder sein.

Es soll sich um Stellen handeln, die Kindern und Jugendlichen in kleineren Not- oder Gefahrenlagen (z. B. verlaufen, bedroht durch andere Kinder / Jugendliche) im Rahmen der allgemeinen Zivilcourage Hilfe bieten!

Jedes Kind sollte die Notrufnummern 110 und 112 kennen.

Erklären Sie ihrem Kind, dass sie in der Gruppe, wenn auch mit gleichaltrigen sicherer sind als alleine (Zeugen, drohender Widerstand).

Verdächtiges Ansprechen von Kindern,

von Fußgängern / aus Fahrzeugen

Melden sie verdächtiges Ansprechen von Kindern **immer** der Polizei, Schule und/oder Kindergarten.

Ich möchte kurz den zu erwartenden Einwand „die Polizei macht sowieso nichts, solange nichts passiert" als unwahr entkräften.

Die Polizei hat neben der Strafverfolgung auch die vorrangige Aufgabe der Gefahrenabwehr.

Unter Gefahr ist jeder Umstand zu verstehen, in dem es bei ungehindertem Geschehensablauf zu einem Schadenseintritt kommen kann.

Das liegt im verdächtigen Ansprechen von Kindern durch einen fremden Erwachsenen unstrittig vor.

Die Polizei hat hier zumindest die Möglichkeit der Gefährderansprache und der Personalienfeststellung um den Gefährder aus der Anonymität zu holen. Schulen und Kindergärten können die Problematik kindgerecht aufarbeiten und thematisieren sowie im Bereich von Schule und Kindergarten auf verdächtige Wahrnehmungen achten => melden.

Was macht das verdächtige Ansprechen von Kindern aus Fahrzeugen so (besonders) gefährlich?

Steigen Kinder in ein fremdes Fahrzeug ein oder werden sie mit Gewalt hereingezogen sind sie **sofort** dem **schützenden** Zugriff der Öffentlichkeit entzogen und können sehr schnell von dem Ort weggebracht werden, an dem es zuletzt gesehen wurde. Dieser Umstand erschwert das Wiederauffinden erheblich. Wird ein Kind von einem Fußgänger angesprochen, vielleicht sogar mitgenommen, so gibt es immer noch unmittelbare Einwirkungsmöglichkeiten durch Passanten, wenn das Kind aus Angst auf sich aufmerksam macht oder Passanten von sich aus Verdacht schöpfen. Auch wenn Passanten nicht unmittelbar einschreiten, sondern beispielsweise Hilfe rufen, indem sie die Polizei verständigen können sie den „Täter" und das Kind relativ leicht weiter beobachten / verfolgen und den Standort an die Polizei weitergeben, so dass diese einschreiten kann. All das ist nicht mehr möglich, wenn ein Kind in ein Fahrzeug steigt oder gezogen wird.

Unmittelbare Sicht auf das Opfer ist nicht mehr gegeben und es kann sehr schnell über eine große Distanz weggebracht werden. Ohne Zeugen ist es unmöglich, Erfolg versprechende Suchmaßnahmen im Bereich der letzten Sichtung zu planen, beziehungsweise durchzuführen. Auch die Suche mit Mantrailer Hunden verspricht hier keinen Erfolg.

> **Oberstes Gebot: Sorgen sie dafür, dass ihr Kind so informiert ist, dass es nie zu einem Fremden in einsteigt!**

Ihr Kind sollte sich fremden Fahrzeugen nie so weit nähern, dass es das Fahrzeug berühren kann. Das ist eine Entfernungsangabe, die Kinder bereits verstehen.

In diesem Buch geht es um Selbstschutz. Selbstschutz umfasst nicht nur **vorsätzliche Übergriffe** durch Erwachsene, wie zum Beispiel Entführungen, sondern auch um das richtige Verhalten, wenn es um Alltagsgefahren geht.

Steht ihr Kind zu nahe vor Fahrzeugtüren kann es durch das plötzliche Öffnen der Fahrzeugtür verletzt werden.

Sowohl in Sachen Alltagsgefahren als auch in Bezug auf vorsätzliche Straftaten gilt das nicht nur für die Türen, sondern auch die Kofferraum- / Heckklappe jedes Fahrzeugs.

Direkt hinter, aber auch direkt neben einem Fahrzeug können Kinder durch Auspark- oder Ranglermanöver verletzt werden.

Bringen sie ihrem Kind die <u>Gartenzaunregel</u> bei.

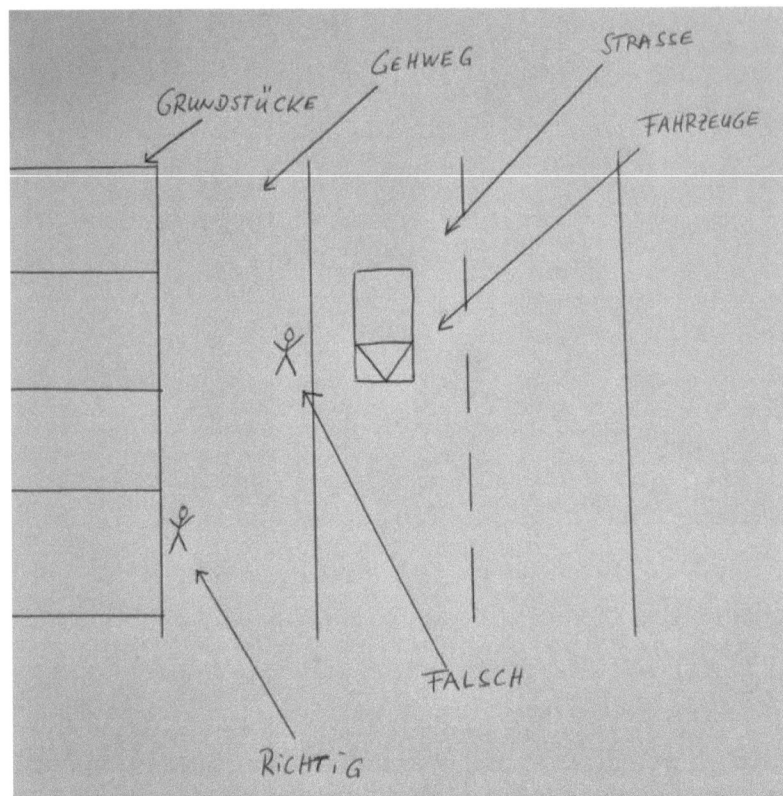

Dabei geht es darum, dass ihr Kind die von der Straßenseite abgewandte Gehwegseite benutzt.

So hat ihr Kind automatisch Abstand zu Fahrzeugen.

Ist ihr Kind daran gewohnt, nicht an der Bordsteinkante zu laufen wir es auch später mit seinem Fahrrad nicht auf der Bordsteinkante fahren.

Gerade mit Fahrrädern oder sonstigen Kinderfahrzeugen besteht hier mangels Routine oft die Gefahr zu Unfällen dadurch, dass das Kind am Bordstein abrutscht und das Gleichgewicht verliert.

Kommt in diesem Moment ein Fahrzeug drohen schwere Verletzungen.

Zudem droht immer die Gefahr, durch die Sogwirkung sehr großer Fahrzeuge auf die Straße gezogen zu werden.

Falsch: Das davorstehende Kind ist in Greifweite, zudem kann es durch die sich plötzlich öffnende Tür verletzt werden.

Richtig:

Das Kind hält Abstand. Es kann weder fahrlässig, noch unmittelbar geschädigt oder ohne große Bemühungen in das Fahrzeug gezogen werden.

Richtiges Verhalten aus einer anderen Perspektive

Bringen sie Ihrem Kind die bereits dargestellte Gartenzaunregel bei

Nonverbale Kommunikation

Wenn wir uns mit nonverbaler (also nicht das gesprochene Wort betreffende) Kommunikation beschäftigen bleiben im Bereich Selbstschutz und Selbstverteidigung für Kinder nur wenige Sachen zu beachten:

Helfen sie ihrem Kind dabei, eine gesunde, positive und Kraftvolle Ausstrahlung und einen aufrechten Gang zu entwickeln.

Bauch rein - Brust raus - Kopf hoch.

Einige Tipps dazu, wie sie das üben / unterstützen kennen haben sie im Kapitel Mobbing kennengelernt.

Ein Buch ist keine Einbahnstraße. Erlauben sie sich zurück zu blättern und Querverweise zu machen. Arbeiten sie mit diesem Buch.

Helfen sie ihrem Kind dabei kommunikativ stark zu sein. Auch hierzu finden sie entscheidende Informationen beim Thema Mobbing.

Warum wiederhole ich so oft einige Dinge?

Weil sie wichtig sind. Egal ob sie Tennis spielen, töpfern oder Schach spielen,

wenn sie sich verbessern wollen, zählen Wiederholungen.

Was sie oft hören und machen wird zu ihrer gelebten Realität, da wachsen sie und mit ihnen ihre Kinder. Also wehren sie sich nicht, auch wenn sie Wiederholungen lesen.

Kommunikation kennt ganz grob umrissen (für unser Thema ausreichend) Sender und Empfänger.

Wir haben zum einen das potenzielle Opfer als Sender und auf der anderen Seite den potenziellen Täter als Empfänger.

Aus Untersuchungen geht hervor, und aus der Praxis kann ich das bestätigen, dass Täter sich Opfer suchen, bei denen sie möglichst nicht mit Gegenwehr rechnen müssen oder zu der Überzeugung kommen, dass die Gegenwehr des Opfers sehr leicht zu überwinden ist.

Zumindest betrifft das den Tätertypus des Erwachsenen, der auf Kinder zugreift.

Bei diesen Tätern geht es um die Bedürfnisbefriedigung, überwiegend aus sexueller Motivlage.

Diese Täter gehen (ich bitte sie den folgenden Ausdruck nicht falsch zu verstehen) erfolgsorientiert vor.

Es geht ihnen darum ihr Ziel zu erreichen, ohne dass sie auf Widerstand stoßen oder entdeckt werden.

Sie werden Opfer meiden, bei denen sie mit Gegenwehr rechnen.

Stopp

Die Bedeutung der vorgestreckten Hand bedeutet Ablehnung oder Verweigerung

Stopp, komm mir nicht zu nahe

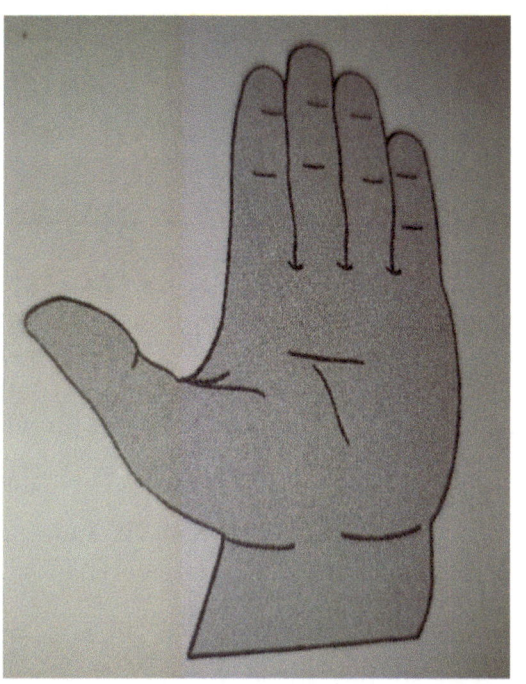

Diese Geste ist international verständlich

Wer diese Geste nicht verstehen will muss, egal ob Kind oder Erwachsener damit rechnen, dass sich ihr Kind mit allen Mitteln wert. Einige Möglichkeiten stelle ich im folgenden Kapitel vor.

Die I.N.KAS Techniken

Bevor sie anfangen, sich mit dem Technikteil zu beschäftigen noch einmal der Hinweis:

Das Lesen dieses Buches ersetzt keinen Unterricht bei einer professionellen Schule für Selbstverteidigung.

Möchten sie, dass ihr Kind sich wehren kann ist Kampfsport eine gute Möglichkeit.

Denken sie jedoch daran, wie sich das Wort zusammensetzt KAMPF – SPORT.

Das Training im Kampfsport (zum Beispiel Tae-Kwon-Do, Judo, …) orientiert sich wie der Name bereits sagt an dem sportlichen Messen mit Gegnern. Dem zu Grunde liegen Regeln.

Diese Regeln gibt es auf der Straße nicht.

Kampfsport ist nicht gleich Selbstverteidigung.

Gute Kampfsporttrainer achten darauf, im Unterricht auch Techniken zur Selbstverteidigung zu unterrichten.

Und natürlich wirkt sich das Messen im Kampfsporttraining positiv auf das Selbstwertgefühl der Kinder aus und die Wiege aller Kampfsportarten liegt im realen Kampf - Kampfsport bleibt jedoch ein Sport.

Achten sie bei der Wahl einer Schule für Selbstverteidigung darauf, dass die Trainer oder Ausbilder über reale Erfahrungen verfügen.

In diesem Bereich sind (leider) sehr viele Scharlatane unterwegs, die ihr Wissen in einem oder mehreren Wochenendseminaren erworben haben.

Stellungen

Neutrale Stellung

Die neutrale Stellung beschreibt den normalen Stand, so wie man im Kontext normaler sozialer Interaktion steht. Ein Bild ist entbehrlich

Kampfstellung

Beide Füße stehen etwa schulterbreit auseinander. Die Schrittlänge beträgt auch etwa eine Schulterbreite, so dass das Gewicht etwa gleich auf beiden Beinen verteilt ist und ihr Kind in alle Richtungen bei Zug oder Druck stabil steht.

Die Hände sind im besten Fall offen und nicht zur Faust geballt.

Das signalisiert: Ich verberge nichts, ich bin keine Gefahr.

Wichtig ist, dass das Kind stabil steht und auf Zug oder Druck von Vorne oder hinten oder auch den Seiten nicht aus dem Gleichgewicht kommt. Die Hände (am besten offene Hände) schützen den Kopf und den Hals.

In dieser Position ist das Kind auch bei Stürzen nach vorne sehr gut geschützt, weil sich die Hände schon vor dem Gesicht befinden.

In dieser Position ist es möglich, sich „sicher" und relativ schnell in jede Richtung zu bewegen.

Die offenen Hände signalisieren Angreifer: „Ich bin keine Gefahr für dich - ich verberge nichts".

Kampfstellung von der Seite gesehen

Die erhobenen Hände schützen Kopf und Hals

Fallschule

Ihr Kind kann überall fallen oder stürzen. Wichtig ist, dass Kinder ihren Kopf schützen wenn sie stürzen, da Kopfverletzungen extrem gefährlich sind.

Die hier vorgestellten Falltechniken funktionieren nicht nur auf der Matte im Rahmen des Kampfsporttrainings oder wenn ihr Kind gestoßen oder ihm ein Bein gestellt wird, sie funktionieren, auch wenn ihr Kind stolpert oder vom Fahrrad stürzt.

Wenn die Falltechniken und Rollen oft genug geübt werden, wird ihr Kind in der Lage sein, so zu stürzen, dass empfindliche, leicht verletzbare Körperteile (Kopf, Knie,...) gut geschützt sind.

Selbst Erwachsene, die zum Beispiel in ihrer Kindheit einige Jahre Judo trainiert haben fallen noch immer so, dass sie sich keine schweren Verletzungen zuziehen.

Sturz Vorwärts

Abbildung 1 zeigt den Sturz nach vorne am Beginn. Das Kind merkt, dass es das Gleichgewicht verliert und macht sich klein um die Distanz zum Boden und somit die Fallhöhe zu reduzieren.

Zeitgleich nimmt es die Hände nach oben vor den Kopf um diesen zu schützen.

Sturz nach Vorne aus der Draufsicht.

Wichtig: Die Hände befinden sich unter dem Kopf, so ist dieser zumindest noch etwas

Geschützt wird, wenn er mangels Körperspannung durch schwingt.

Sturz nach Vorne in der Seitenansicht

Sturz nach Vorne gegen eine Wand

Ausführung: Um die Wucht zu mildern macht das Kind einen Schritt nach vorne, hebt die Hände vors Gesicht und Schlägt Handflächen und Unterarme an die Wand um die Kraft des Aufpralls zu absorbieren.

Auch hier wichtig: Unterarme vor dem Gesicht bieten Schutz vor Kopfverletzungen

Sturz nach vorne gegen eine Wand von der Seite aus gesehen

Einer der häufigsten und auch hinterlistigsten Angriffe ist das Stoßen / Schubsen von hinten gegen ein Hindernis / eine Wand. Insbesondere bei Kindern kommt dieser Angriff sehr häufig vor.

Sturz rückwärts

Beim Sturz rückwärts schlägt man mit Armen und Händen im Winkel von 45° neben sich auf den Boden. Ein Bein ist angewinkelt und die Fußsohle steht auf dem Boden, das andere Bein wird nach vorne gestreckt um die Pendelbewegung im Körper beim Aufprall auf dem Boden auszugleichen. Das Kinn wird auf die Brust gepresst, damit der Hinterkopf nicht auf den Boden schlägt.

Rolle vorwärts

Aus der Abwehrstellung heraus wird der Körper nach vorne gebeugt, so dass er, vom ausgestreckten Leitarm und der Schulter ausgehend, einen Bogen bildet. Der Kopf wird nach unten gezogen und man rollt sich nacheinander über Leitarm, Schulter, Rücken und Hüfte ab. Die Beine bleiben während der Rolle eng an den Boden gepresst, der Kopf berührt nicht den Boden.

Rolle rückwärts

Aus der Abwehrstellung heraus lässt man sich senkrecht zu Boden fallen. Dabei wird der Rücken nach vorn gebeugt und der Kopf eingezogen. Während des Abrollens bleiben die Beine eng am Körper. Es wird sich seitlich über die Schulter abgerollt.

Grifflösen gegen Angriff:

Griff des gegenüberliegenden Handgelenks

Ein sehr gebräuchlicher Angriff unter Kindern

Ausführung: Das gegriffene Kind spreizt die Finger auseinander. Durch das Strecken der Sehnen, verbreitert sich das Handgelenk. Der Spalt zwischen Daumen und Zeigefinger des Angreifers um das Handgelenk verbreitert sich. Das sich verteidigende Kind dreht seine Hand in Richtung der Öffnung des Griffs. Dabei verlagert es das Körpergewicht von dem Angreifer weg, eventuell verbunden mit einem Rückwärtsschritt.

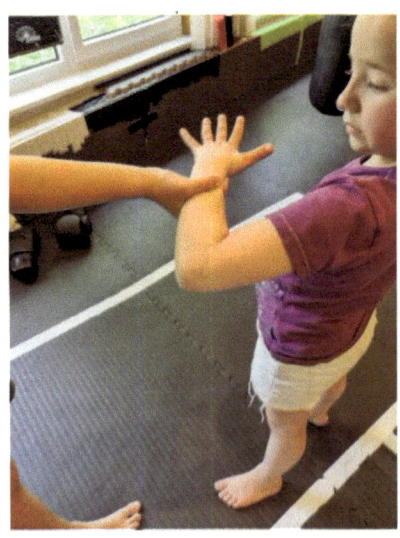

Abwehrtechniken

Passivblock

Die nebenstehende Abbildung zeigt den Passivblock.

Der Passivblock ist sehr leicht zu erlernen,

beziehungsweise einfach kindgerecht erklärbar.

Wird er richtig ausgeführt ist der komplette Kopf

Gegen Angriffe von der Seite gut geschützt.

Ausführung: Der Arm wird seitlich an den Kopf gelegt (direkt an den Kopf). Die Bewegung dorthin, können sie dem Kind so erklären, dass es sich durch die haare streicht und sich mit der Hand danach am Hinterkopf festhält.

Nebenstehendes Bild

Passivblock mit Partner

Passivblock in der Halbfrontalen Ansicht.

Wichtig: Zweite Hand zur Deckung zum Kopf nehmen.

Die nächste Abbildung zeigt den Passivblock von der Seite.

Der Kopf ist gut vor Angriffen von der Seite geschützt.

Eine schöne, sichere und sehr effektive Übung ist es, das Kind von der Seite mit Schwimmnudeln in Kopfhöhe „anzugreifen".

Das Kind hat die Aufgabe, die Schläge abzuwehren.

Die Übung ist nicht nur effektiv, die Kids haben in der Regel auch sehr viel Spaß dran.

Hat das Kind mit einem Passivblock abgewehrt, bietet sich als Konter ein Handballenstoß zum Solarplexus / den Schultern oder je nach schwere des Angriffs auch ein Handballenstoß zum Kopf an.

Notblock

Der Notblock ist eine sehr effektive Technik, um den Kopf- und Halsbereich zu schützen.

Es können auch harte Tritte, Kniestöße und Schläge abgewehrt werden.

Ausführung: Zusätzlich zu der Bewegung, die beim Passivblock ausgeführt wird, legen sie die freie Hand auf die Schulter der Seite, die den Passivblock ausführt.

Greifen sie dabei die Schulter fest und mit der Hand, die den Passivblock ausführt, greifen sie fest an ihren Hinterkopf.

Verteidigung aus der Rückenlage

Das nebenstehende Bild zeigt die Verteidigungsposition aus der Rückenlage.

Wenn das Kind nicht unfallbeding stürzt, sondern von einem anderen Kind oder anderen Kindern zu Fall gebracht wird ist es wichtig, sich gegen Folgeangriffe zu schützen.

Dabei lässt das Kind im besten Fall einen Fuß auf dem Boden aufgestellt, damit es sich am Boden effektiv bewegen kann, also die Richtung wechseln kann wenn es von einer anderen Seite angegriffen wird.

Ein Bein ist angewinkelt um den Unter- und Oberkörper je nach Angriffswinkel gegen Fußtritte oder Griffansätze zu schützen. Die Hände schützen das Gesicht.

Sollte es erforderlich sein, kann mit dem angewinkelten Bein auch zugetreten werden.

Genauso wird der Sturz Rückwärts ausgeführt, nur dass in Arme mit den Handflächen nach unten im 45 Grad-Winkel neben dem Körper abschlagen um den Aufprall zu mildern.

**Verteidigung aus der
Rückenlage Seitenansicht**

Wichtig: Der Kopf ist vom Boden angehoben um Verletzungen am Hinterkopf zu vermeiden.

Ein Fuß ist auf dem Boden aufgestellt um die Bewegung am Boden zu unterstützen.

Ein Fuß ist angewinkelt in der Luft um den Unterleib zu schützen und sich durch Fußtritte verteidigen zu können.

Das obige Foto zeigt eine sehr gefährliche Situation

Die Gefahr liegt zum einen darin, dass das am Boden liegende Kind Schlägen kaum ausweichen kann.

Dadurch dass von oben nach unten geschlagen wird und somit die Schwerkraft für den Aggressor arbeitet drohen sehr harte Treffer.

Wird mit großer Wucht geschlagen droht zudem die Gefahr, dass der Hinterkopf auf dem Boden aufschlägt und dadurch weitere Verletzungen entstehen.

Wichtig für den Verteidiger in dieser Position: Kopf vom Boden weg und Arme vor den Kopf um diesen und den Hals zu schützen.

Um sich aus dieser Position zu befreien muss schlagartig die Hüfte nach oben gedrückt werden. Dadurch kommt der auf dem Opfer sitzende

Angreifer aus dem Gleichgewicht und das Opfer kann sich zur Seite drehen und den Angreifer so „abwerfen".

Sich durch das Hochdrucken der Hüfte und einer anschließend Drehung des Körpers aus dieser Position kann man spielerisch sehr schön üben, indem ein Kind das andere abwirft und sich danach sofort auf das andere Kind setzt. So kann man spielerisch üben, immer im Wechsel den Gegner abzuschütteln.

Verteidigung aus der Bodenlage in Seitenlage

Nach dem Hinfallen zieht auch hier das Kind ein Bein an um den Unterkörper vor weiteren Angriffen zu schützen.

Die Unterarme und Hände schützen Oberkörper und Kopf.

Aus dieser Position kann der Verteidiger mit den Füßen den Beinen und dem Kniegelenk des Angreifers treten und dadurch Zeit zum Aufstehen (nach hinten) gewinnen.

Offensive Techniken

Beidseitiger oder einseitiger Handballenstoß (schubsen)

Ausführung:

Die flachen Hände werden zum Angreifer gestreckt. Der Aggressor wird mit den Handballen getroffen. Wichtig ist dabei, dass die Finger und der Daumen der flachen Hand aneinander liegen. Einzelne abgespreizte Finger bergen das Risiko, dass das verteidigende Kind sich selbst an einem Finger oder dem Daumen verletzt oder aber unbeabsichtigt dem angreifenden Kind Finger oder Daumen in die Augen stößt und dieses dadurch schwer verletzt.

Der Handballenstoß kann mit beiden Händen ausgeführt werden oder mit einer Hand.

Mit beiden Händen ausgeführt ist der Handballenstoß kräftiger

Trefferfläche:

➔ **Schultern**
➔ **Brust / Solar Plexus**
➔ **Gesicht**

Die Füße stehen etwa schulterbreit auseinander, auch die Schrittlänge beträgt etwa eine Schulterbreite. So ist gewährleistet, dass das Kind einen festen Stand hat, trotzdem kann es sich relativ schnell in jede Richtung bewegen.

Die freie Hand befindet sich zur Deckung in der Nähe des Kopfes um Kopf und Hals zu schützen.

Handballenstoß, ausgeführt mit beiden Händen. Im Prinzip müssen Kinder diese Technik gar nicht lernen.

Sie alle kennen das als „schubsen"

Wichtig ist lediglich, dass einige Sachen beachtet werden, wie zum Beispiel die aneinander liegenden Finger um Verletzungen vorzubeugen und der breite Stand, damit Druck hinter die Technik kommt.

Handballenschlag

Ausführung:

Der Handballenschlag entspricht von der Bewegung her einer Ohrfeige. Der gestreckte oder auch angewinkelte Arm wird von der Seite gegen das Ziel geschwungen. Dabei wird mit dem Handballen und gegebenenfalls der Handinnenfläche gegen das Ziel geschlagen.

Trefferfläche:

- Gesamter Kopfbereich
- Schläfe
- Ohren
- Kiefergelenk

Hammerfaustschlagschlag

Kinder sollten (auch wenn sie das im Kampfsporttraining lernen) in Selbstverteidigungssituationen nicht mit der „klassischen" Faust, also den Fingerknöcheln zuschlagen.

Das birgt ein hohes Verletzungsrisiko.

Eine Alternative ist das Zuschlagen mit der sogenannten Hammersfaust.

Die Fausthaltung entspricht der, wie man einen Hammer hält.

Trefferfläche ist die Handkante der Kleinfingerseite. Wichtig: Die Faust muss fest geschlossen sein.

Die Handkante ist in dieser Position nicht sehr anfällig für Verletzungen. Wenn die Faust richtig geschlossen ist, ist die dort liegende Muskulatur angespannt, so dass die Knochen an dieser Stelle kaum belastet werden.

Trefferfläche:

Gesamter Kopfbereich

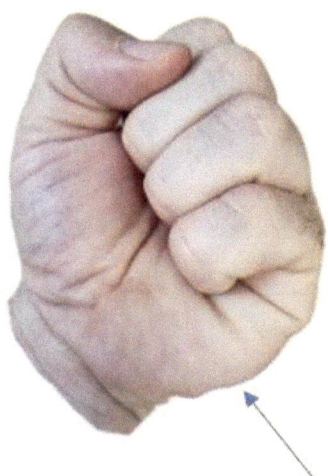

Trefferfläche bei Schlägen mit der Hammerfaust

Der Hammerfaustschlag kann in jede beliebige Richtung ausgeführt werden.

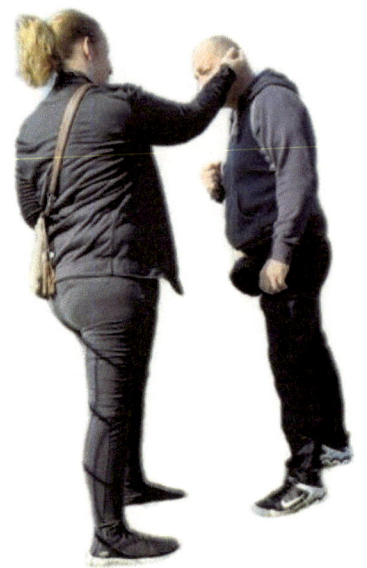

Hammerfaust Rückhand

Mit der Handkante der Kleinfingerseite wird die Faust in Richtung Ziel

Sehr effektiv sind Schläge von oben diagonal zum Kopf

Egal ob die Schläfe, das Jochbein, das Ohr oder das Kiefergelenk Getroffen werden. Solche Treffer können sehr schmerzhaft sein

Und dazu führen, dass der Angreifer seine Attacke einstellt.

Fußtritt nach vorne

Ausführung:

Das Knie des hinteren oder vorderen Beines wird etwa 90 Grad angezogen, bevor es nach vorne in Richtung Ziel ausgestreckt wird. Dabei wird di Hüfte nach vorne geschoben, um dem Tritt Wucht zu verleihen. Es wird mit der kompletten Fußsohle getroffen.

Trefferfläche:

Trefferfläche kann der vordere Oberschenkel oder der Hüftbereich des Angreifers sein (je nach Größe).

Das Bild zeigt einen Frontkick gegen Erwachsenen Angreifer

Es ist auch eine gute Möglichkeit, sich gegen andere Kinder zu wehren ohne schwere Verletzungen zu verursachen.

Sidekick

Schienbeintritt zu den Rippen,

Oder den Oberschenkel oder das Kniegelenk.

Diese Technik kann sehr schmerzhaft sein, verursacht aber in der Regel keine schweren Verletzungen

Kniestoß

Der Kniestoß ist eine sehr effektive Technik, selbst wenn schon ein Kontaktangriff erfolgt ist, also das Kind gegriffen wurde.

Ausführung

Der Angreifer wird hinter dem Kopf gefasst und hinuntergezogen.

Gleichzeitig wird das Knie zum Körper des Angreifers gezogen.

Trefferfläche:

- Solarplexus
- Bauch
- Rippen
- Genitalien
- Kopf / Gesicht

Stampftritt auf den Fußspann

Ausführung:

Das Knie des tretenden Beines wird nach oben angezogen. Danach wird der Fuß mit der gesamten Sohle oder der Ferse auf den Spann des Angreifers getreten.

I.N.KAS Kids Kampfspiele

Lasst die Spiele beginnen!

I.N.KAS Kids Kampfspiele - Was ist das?

Bei den I.N.KAS Kampfspielen lernen die Kids spielerisch

- ➔ Praktische Anwendung von Selbstverteidigungstechniken
- ➔ sich durchzusetzen
- ➔ nicht aufzugeben
- ➔ fairness, auch körperlich unterlegenen Kindern gegenüber
- ➔ im Team zu arbeiten
- ➔ Probleme zu lösen

Dabei legt I.N.KAS Wert auf altersgerechte Schutzausstattung

Schubser

Ein Kind oder der Trainer hält ein großes Schlagkissen vor sich.

Das aktive Kind schlägt in einer raschen Abfolge Handballenstöße gegen das Kissen.

Die Übung kann mit einem Zeitmesser durchgeführt werden.

Die Aufgabe ist es, das vorgegebene Zeitziel durchzuhalten.

Boden Randori

Der Begriff Randori stammt aus der japanischen Sprache. Randori (wörtlich übersetzt: Das Chaos nehmen) ist eine Form des Übungskampfes in den japanischen Kriegskünsten.

Ziel ist es, die im Training gelernten Techniken in einem Kampf umzusetzen.

Ziel unseres I.N.KAS Boden Randori ist es, den Gegner auf den Rücken zu drehen, so das beide Schulterblätter den Boden berühren und der unterlegene durch Abklopfen seine Aufgabe signalisiert, sobald er nicht mehr aus dem Griff rauskommt.

Es sind keine Schläge Tritte und keine Griffe zum Hals erlaubt.

Propeller

Ein Kind befindet sich in der Verteidigung aus der Rückenlage Position. Dieses Kind versucht zu verhindern, dass das andere Kind sein Bein umläuft, indem es sich entsprechend dreht und seine Füße zum Schutz einsetzt, während das 2. Kind versucht das 1. Kind zu umlaufen, um es an die Schulter zu tippen.

Handschieben

Zwei Kinder stehen sich mit erhobenen (Schulterhöhe) Armen gegenüber, legen die Handflächen gegeneinander und versuchen sich gegenseitig von der Stelle zu schieben.

Bei diesem Spiel trainieren die Kinder spielerisch Ihre Durchsetzungsfähigkeit.

Übung zur Stärkung des Selbstbewusstseins

Stopp!!!

Die Übung ist so banal wie sie schwierig ist.

Das Kind soll laut Stopp rufen und dabei mit beiden Handflächen gegen ein Schlagkissen stoßen.

Anfangs fällt die Übung vielen Kindern schwer. Sie wollen nicht schreien, laut sprechen oder haben generell Bedenken vor anderen zu sprechen.

Dies zeigt auch, wie stark oder schwach das Selbstbewusstsein ausgeprägt ist.

Tipp:

Ermutigt das Kind zunächst nur gegen das Schlagpolster zu schlagen, ohne das Wort Stop, dann vielleicht leise und oder irgendein Wort zu nennen, wie zum Beispiel das Lieblingsessen, oder oder oder…

Weitermachen

„Nicht schlimm, wenn du stolperst. Steh´einfach wieder auf!"

Um ein gesundes Selbstbewusstsein zu entwickeln, müssen Kinder schon früh lernen, dass Fehler Teil des Lebens sind. Niederlagen und Misserfolge gehören einfach dazu. Je eher Kinder das lernen, desto leichter fällt es ihnen auch, Frustrationen wegzustecken und einen neuen Versuch zu starten. Eltern, die ihren Kindern alles abnehmen möchten, tun ihnen damit keinen Gefallen. Diese Form der Überbehütung führt dazu, dass Kinder keine innere Stärke entwickeln und mit Problemen nicht umgehen können.

Positiver Satz: „Probiere es noch einmal, irgendwann schaffst du es.""

Die Wissenschaft sagt über Erwachsene, die Krisen gut meistern können, dass

- sie in der Kindheit stets ermutigt wurden und emotionale Unterstützung erfahren haben.
- sie Eltern hatten, die selbstbewusst und widerstandsfähig waren.
- sie in der Kindheit schon die Erfahrung gemacht hatten, selber etwas bewirken zu können.

Dieses Gefühl macht Ihr Kind stark

Sie, als Erwachsener, wissen, dass es ohne Rückschläge und schmerzhafte Erfahrungen im Leben nicht geht. Das Gefühl, diese Situationen meistern zu können, hilft Ihnen durch den Alltag. Ihr Kind muss diese Erfahrung erst machen, um sich später kraftvoll und optimistisch in schwierigen Situationen verhalten zu können.

Nutzen Sie jede Gelegenheit, um Ihrem Kind zu zeigen, dass Probleme lösbar sind. Seien Sie ein Vorbild, denn dadurch lernen Kinder am meisten.

Hilfsmittel für das Training

Großes Schlagpolster

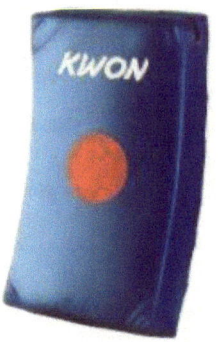

Mit einem großen Schlagpolster können sie viele Übungen ausführen, mit denen das Durchsetzungsvermögen von Kindern gestärkt wird.

Außerdem können auch viele Selbstverteidigungstechniken.

Beispiele für Übungen, die die Durchsetzungsfähigkeit und damit die Wehrhaftigkeit ihres Kindes erhöhem können finden sie bei den Kampfspielen.

Wenn sie kein Schlagpolster besitzen können sie auch ein stabiles Kissen benutzen.

Hinweis: Bei dem abgebildeten Schlagkissen handelt es sich nicht um eine Kaufempfehlung oder Werbung. Das Foto wurde deshalb gewählt, weil die Kissen in unserer Schule im Einsatz sind.

Schwimmnudeln

Schwimmnudeln sind im Training vielseitig einsetzbar.

Um die Durchsetzungsfähigkeit zu trainieren kann man zum Beispiel einen Schwimmnudelkampf austragen.

Dabei dürfen die Kinder mit den Schwimmnudeln aufeinander einschlagen.

Sie lernen dabei auch weiter zu machen, wenn sie einmal getroffen werden. Entweder lassen sie die Kinder nur zum Kopf schlagen oder die Kinder tragen einen Kopfschutz.

Aufgrund des weichen Materials der Schwimmnudeln kommt es sehr selten zu Verletzungen.

Wenn sie keine Schwimmnudeln besitzen können sie auch ein Stück PE-Rohrisolierung nehmen um diese Übungen verletzungsfrei durchzuführen.

I.N.KAS Kids Kampfspiele für Zuhause

Alle I.N.KAS Kids Kampfspiele können sie auch Zuhause spielen.

Statt Schlagpolstern können sie auch große, gut gepolsterte Kissen benutzen

Allgemeine Informationen

Wir bieten regelmäßig Seminare in diesem Bereich sowohl für Kindern als auch für Erwachsene.

Sie möchten selbst I.N.KAS Instructor werden?

Auch hier bieten wir entsprechende Weiterbildungsmöglichkeiten in unserem Seminarzentrum an.

Sie haben selbst eine Kampfsportschule und möchten sich und oder Ihre Trainer fortbilden?

Wir kommen bei entsprechendem Interesse aber auch gerne zu Ihnen.

Bei Interesse könnt Ihr euch gerne auf unserer

Homepage: www.mtstop.de

Oder telefonisch: 0152/31759594

An uns wenden. Wir informieren euch gerne

Wir freuen uns über Ihr Feedback; nutzen sie auch gerne die Bewertungsfunktion von Google

https://g.page/r/Caf_HKUFwYCeEA0